NOUVEL ALPHABET EN FRANÇAIS

Divisé par syllabes.

A VOUZIERS,
CHEZ AUG. LAPIE, IMPRIMEUR-LIBRAIRE,
rue de l'Eglise, 10.
1857

JESUS.

a b c d

é f g h

i ï j k l m

n o p q r s

t u v x y z

æ œ w.

A B C D E
F G H I J
K L M N O
P Q R S T
U V X Y Z
Æ Œ W

O rai son Do mi ni ca le.

NOTRE Pè re, qui ê tes dans les cieux. Que vo tre nom soit sanc ti fi é. Que vo tre rè gne ar ri ve. Que vo tre vo lon té soit fai te en la ter re

com me au Ciel. Don nez-nous au-jour d'hui no tre pain de cha que jour. Et nous par-don nez nos of fen-ses, com me nous par don nons à ceux qui nous ont of fen sés. Et ne nous lais sez point suc com ber à la ten ta tion. Mais dé li vrez-nous du mal.

Ain si soit-il.

Sa lu ta ti on An gé li que.

JE vous sa lue, Ma rie, plei ne de grâ ce, le Sei-

gneur est a vec vous, vous ê tes bé-nie par-des sus tou-tes les fem mes, et Jé sus le fruit de vos en trail les est béni.

Sain te Ma rie, Mè re de Dieu, pri-ez pour nous pé-

cheurs, main te-nant et à l'heu re de no tre mort. Ain si soit-il.

Sym bo le des A pô tres.

JE crois en Dieu, le Pè re tout-puis-sant, Cré a teur du ciel et de la ter re. Et en Jé sus-Christ

son Fils u ni que, no tre Sei gneur, qui a é té con çu du Saint-Es prit, qui est né de la Vier ge Ma rie, qui a souf fert sous Pon-ce-Pi la te, a é té cru ci fié, est mort, et a é té en se ve li ; est

des cen du aux en-
fers, et res sus ci té
des morts, le troi si
è me jour, est mon-
té aux Cieux, est as-
sis, à la droi te de
Dieu, le Pè re tout-
puis sant, et de-là
vien dra ju ger les
vi vans et les morts.

Je crois au Saint-Es prit. La Sain te E gli se Ca tho li-que. La Com mu-ni on des Saints. La ré mis si on des pé-chés. La ré sur rec-ti on de la chair. La vie é ter nel le. Ain si soit-il.

La Con fes si on des pé chés.

JE me con fes se à Dieu, tout-puis- sant, à la bien heu- reu se Ma rie tou- jours Vierge, à Saint Mi chel Ar chan ge, à Saint Jean-Bap- tiste, aux A pô tres Saint Pier re et

Saint Paul, à tous les Saints, par ce que j'ai beau coup pé ché par pen sées, par pa ro les et par ac tions. J'ai pé ché par ma fau te, par ma fau te, par ma très-gran de fau te! C'est pour quoi je

sup plie la bien-
heu reu se Ma rie
tou jours Vier ge,
Saint Mi chel Ar-
chan ge, Saint Jean
Bap tis te, les A-
pô tres Saint Pier-
re et Saint Paul,
et tous les Saints,
de prier pour moi

le Sei gneur no tre Dieu.

Bé né dic ti on a vant le re pas.

O Dieu qui nous pré sen tez les biens né ces sai res pour nour rir no tre corps, dai gnez y ré pan dre vo tre sain te bé né dic tion, et nous fai tes la grâ ce d'en u ser so bre ment. Au nom du Pè re, et du Fils, et du Saint-Es prit. Ain si soit-il.

Ac ti on de grâ ces a près le re pas.

SEI GNEUR, nous vous ren dons

nos très-hum bles ac ti ons de gr âces des biens que vous nous a vez don nés pour la nour ri tu-re de no tre corps: qu'il vous plai se de nour rir aus si no tre â me de vo-tre grâ ce dans l'es-

-pé ran ce de la vie é ter nel le : Par Jé sus-Christ no tre Sei gneur. Ain si soit-il.

Pri è re pour les Tré pas sés.

Que les â mes de nos pa rents, nos a mis, et de tous les fi dè les qui

sont morts, re po-
sent en paix, par
la mi sé ri cor de
de Dieu.

*De voirs des En fants en vers leurs
Pè re et Mè re.*

4. Les en fants
doi vent ho no rer
leurs Pè re et Mè re,
en tout â ge et en
tout é tat.

2. Ils doi vent leur o bé ir en tou tes cho ses où Dieu n'est point of fen sé.

3. Ils doi vent les ai mer et les res pec ter, aus si bien dans les châ ti ments que dans les ca res ses.

4. Ils doi vent é vi-

ter a vec grand soin de les at tris ter, ou de les met tre en co lè re.

5. Ils doi vent les as sis ter dans leur pau vre té, jus qu'à tout ven dre pour ce la.

6. Ils doi vent

a près leur mort, pri er Dieu pour le re pos de leurs â-mes, et ex é cu ter ponc tu el le ment leurs der ni è res vo lon tés.

Ho no rez vo tre Pè re et vo tre Mè re: c'est là le pre mier com man de ment au quel Dieu a at ta-ché une pro mes se de ré com pen se pour ceux qui l'ob-ser ve ront, qui est qu'ils se ront heu-reux, et qu'ils vi-vront long temps sur la ter re.

PRIERE DE LA MESSE.

En en trant dans l'E gli se.

QUE ce lieu est ter ri ble et vé né ra ble! c'est i ci la mai son de Dieu, la por te du Ciel: fai tes, Sei gneur, que je sois

dans le res pect, et que je trem ble à la vue de vo tre sanc tu ai re.

En pre nant de l'Eau bé ni te.

Mon Dieu, ré-pan dez en moi l'eau de vo tre grâ ce, pour me pu ri fi er de plus en plus,

afin que les a do ra-ti ons que je viens vous pré sen ter, vous soient a gré-a bles.

Pri è re a vant la Mes se.

Je viens, ô mon Dieu, pour as sis-ter au saint Sa cri-fi ce ; don nez-moi vo tre grâ ce, a fin que j'y as sis te avec une foi vi ve, un a mour ar dent et une hu mi li té pro fon de.

Pen dant que le Prê tre est au bas de l'Au tel.

J'ai pé ché, ô mon Dieu! je ne

suis pas di gne de
le ver les yeux au
ciel, ni de re gar
der vo tre au tel
pour vous a do rer,
mais que tous les
Saints vous prient
pour moi. Je vous
de man de grâce, ô
Dieu tout-puis sant!

fai tes-moi mi sé ri- cor de, et m'ac cor- dez le par don de mes pé chés, par Jésus-Christ no tre Sei gneur.

Le Prê tre é tant mon té à l'au tel :

Pè re cé les te, qui ê tes Dieu, a yez pi tié de nous, Fils

Ré demp teur du mon de, qui ê tes Dieu, a yez pi ti é de nous. Es prit-Saint, qui ê tes Dieu, a yez pi ti é de nous.

4u Glo ria in ex cel sis.

Je vous a do re, ô Pè re cé les te! Vous ê tes le souve rain Sei gneur, le roi du Ciel, de Dieu tout-puis sant. Je vous a dore aus si, ô Jé sus, mon Sau veur! Vous ê tes le seul Saint, le seul Très-Haut, avec le Saint-Es prit, en la gloi re de Dieu le Père

Pen dant les O rai sons.

Dieu tout-puis- sant, fai tes-nous la grâ ce d'a voir l'es prit tel le ment rem pli de sain tes pen sées, que tou- tes nos pa roles et nos ac tions ne tendent qu'à vous plai-re; par Jésus-Christ no tre Sei gneur.

A l'E pî tre.

O Dieu, fai tes-moi la grâ ce d'ai-mer vo tre sain te pa ro le, d'en ap-pren dre les vé ri-tés, et d'en pratiquer les pré cep tes dès mon en fance.

A l'E van gi le.

Sei gneur, bé nis sez mon es prit, ma bou che, mon cœur ; de sor te que mes pen sées, mes pa ro les et mes ac tions soient ré glées par vo tre E van gi le, et que je sois tou jours prêt à mar cher dans la voie des saints com man de ments qu'il con tient.

Au Cre do.

Aug men tez ma foi, Sei gneur; ren-

dez-la agis san te par la cha ri té, et fai tes-moi la grâ ce de vous ê tre fi dè-le jus qu'à la mort a fin que je re çoi ve la cou ron ne de vie.

A l'Of fran de.

O Dieu, qui di-

tes dans vo tre pa-
role : *Don nez-moi
vo tre cœur*; je
vous of fre le mien,
en mê me temps
que le prê tre vous
of fre ce pain et ce
vin; je vous of fre
aus si mon corps :
fai tes que ce corps

et cet te â me soient une hos tie vi van-te, sain te et a gré-a ble à vos yeux.

Lors que le Prê tre la ve ses mains.

La vez-moi, Sei-gneur, dans le sang de l'A gneau sans ta che, pour

ef fa cer de mon
corps et de mon â-
me les moin dres
ta ches du pé ché.

A *l'*O ra te Fra tres.

Que le Sei gneur
veuil le re ce voir
ce saint sa cri fi ce
pour sa gloi re,
pour mon sa lut, et

pour l'u ti li té de
tou te son E gli se.

A la Pré fa ce.

E le vez, Sei-
gneur, mon cœur
au Ciel, a fin que
je vous y a do re
a vec les An ges,
en di sant com me
eux : Saint, Saint,

Saint, le Sei gneur, le Dieu des ar mées: les cieux et la ter re sont rem plis de la ma jes té de vo tre gloi re,

A près le Sanc tus.

Mon Dieu, dé- fen dez vo tre E gli- se con tre tous ses

en ne mis vi si bles et in vi si bles: con- dui sez par vo tre grâ ce no tre saint Pè re le Pa pe et les au tres Pas teurs, à qui vous a vez con- fi é le soin des â- mes, bé nis sez mes pa rents, mes bien-

fai teurs et mes a-mis, ac cor dez-leur les grâ ces né ces-sai res pour le salut é ter nel.

A vant la con sé cra ti on.

Nous vous pri-ons, Sei gneur, que vo tre jus te co lère en tant a pai sée,

vous re ce viez fa-
vo ra ble ment l'of-
fran de que nous
al lons vous pré-
sen ter; don nez-
nous la paix pen-
dant le res te de
nos jours, et nous
met tez au nom bre
de vos E lus.

A l'É lé va ti on de l'Hos tie

C'est là vo tre corps, ô mon di vin Sauveur; je l'a do re, ce corps sacré, a vec u ne hu mi li té pro fon de: je l'of fre à vo tre pè re pour mon sa lut et pour ce lui de

tous les hommes.

A l'E lé va ti on du Ca li ce.

C'est là vo tre sang, ô mon Dieu, ce sang ado ra ble qui a été ré pan du pour la ré mis si on de mes pé chés; fai- tes que je sois aus- si tou jours prêt à ré pan dre le mien pour votre gloire.

A l'Élé va ti on.

Fai tes-moi la grâ ce, ô mon Dieu, de me sou ve nir tou jours que ce corps sa cré, qui est main te nant pré sent sur l'au tel, a é té li vré à la mort, et que ce di vin sang, qui est dans le ca li ce, a é té ré pan du pour mon sa lut, a fin que je vous ser ve tou te ma vie a vec ar deur; sou ve nez-vous aus si de cet te mort, a fin que vous me par don niez mes pé chés, et me fas- siez mi sé ri cor de.

Au Me men to *des Morts.*

Sou ve nez-vous Sei gneur, de vos ser vi teurs et de vos ser van tes qui sont morts dans la foi, et qui dor ment du

som meil de la paix.
Par don nez-leur, ô
mon Dieu, le res te
de leurs pé chés, et
leur ac cor dez vo-
tre saint Pa ra dis,
a fin qu'ils vous ai-
ment et vous bé nis-
sent pen dant tou te
l'é ter ni té.

℟ No bis quo que pec ca to ri bus.

Sei gneur, a yez pi tié de moi qui suis un mi sé ra ble pécheur et dai gnez, no nobs tant mon in-di gni té, m'ac cor-der un repos é ter-nel a vec tous vos saints.

A la se con de E lé va ti on.

Re ce vez, ô mon Dieu, cet te of fran de du corps et du sang de vo tre Fils, et ren dez-moi par ti ci pant des mé ri tes de sa mort. Pè re cé les te, a vec lui, par lui et en

lui, vous ap par-
tient tou te gloi re
et lou an ge.

A l'Agnus Dei.

Donnez-moi, Sei-
gneur, cet es prit de
dou ceur et d'a-
mour, cré ez en moi
un cœur pur, à fin
que la vé de mes

pé phés, je puis sé m'ap pro cher di-gne ment de vo tre Ta ble sain te.

Au Do mi ne, non sum di gnus.

Sei gneur, je ne suis pas di gne que vous en tri ez dans mon cœur, mais vous pou vez me dé-

li vrer de mon in-
di gni té : di tes seu-
le ment une pa ro-
le, et mon â me se-
ra gué rie. O mon
doux Jé sus, qui
dé si rez si ar dem-
ment de vous u nir
à nous, je vous ou-
vre mon cœur pour

vous y re ce voir com me mon Dieu!

A la Bé né dic ti on.

Que Dieu tout-puis sant nous bé-nis se, le Père, le Fils et le Saint-Es-prit. Ain si soit-il.

Au der nier E van gi le.

Jé sus, mon Sau-

veur, vous ê tes le Fils u ni que de Dieu ; Dieu com me le Pè re et le Saint Esprit; ce pen dant pour nous sau ver, vous ê tes venu au mon de, vous a vez souf fert la mort, vous vous ren dez

pré sent sur le saint au tel. Oh! que vous nous ai mez par fai te ment! Je veux aus si vous ai mer de tout mon cœur, et vous ser- vir tous les jours de ma vie.

Ain si soit-il.

Pri è re a près la sain te Mes se.

Seigneur, je vous re mer cie de la grâ- ce que vous m'a- vez fai te, en me per met tant d'as- sis ter à la Sain te Mes se : je vous de- man de par don des fau tes que j'y ai

com mi ses, et je vous prie de m'ac-cor der, par la ver-tu de ce saint sa-cri fi ce, tous les se-cours qui me sont né ces sai res pour ne vous point of-fen ser pen dant ce jour, et vous sêr vir tout le res te de ma vie.

Ain si soit-il.

FIN.

Vouziers, Imprimerie de Auguste LAPIE.

Marie, Mère de Dieu,
Priez pour nous.

JESUS.